amar é...

Para: ....

De: ....

...fazer uma linda declaração.

...derreter o gelo com nosso beijo.

...apreciar os momentos especiais.

...estar só você e eu.

...milhões de pequenos beijos.

...ficar com as pernas bambas
a cada mensagem recebida.

...percorrer um longo caminho
para nos encontrarmos.

...um passeio romântico.

...um atrevimento!

...uma tentação!

amar é...

...um abraço apaixonado.

...receber um abraço como prêmio.

...não se desgrudar.

...o melhor presente que a vida dá.

...viver na melodia perfeita.

...entender as indiretas um do outro.

...esquentar o clima.

...estar no momento certo, com a pessoa certa, no lugar certo.

...o coração bater com tanta força que quem está ao seu lado pode ouvir.

...um convite.

...aquele beijo que demonstra o quão verdadeiro é um sentimento.

amar é...

...dar um beijo de cinema.

Título original: Liefde is.... ...de eerste kus!
Tradução: Camélia dos Anjos
Revisão: Madalena M. Carvalho
Diagramação: Juliana Pellegrini

Todos os direitos reservados. Proibidos, dentro dos limites estabelecidos pela lei, a reprodução total ou parcial desta obra, o armazenamento ou a transmissão por meios eletrônicos ou mecânicos, fotocópias ou qualquer outra forma de cessão da mesma, sem prévia autorização escrita das editoras.

love is... by kim

© 2014 Minikim Holland B.V.
ImageBooks Factory B.V., The Netherlands
All rights reserved – printed in China
© 2014 Vergara & Riba Editoras S/A
www.vreditoras.com.br

Rua Cel. Lisboa, 989 – Vila Mariana
CEP 04020-041 – São Paulo – SP
Tel./Fax: (55 11) 4612-2866
editoras@vreditoras.com.br

ISBN 978-85-7683-646-9

Impresso na China

Sua opinião é importante
Mande um e-mail para
opiniao@vreditoras.com.br
com o título deste livro
no campo "Assunto".

Conheça-nos melhor em
vreditoras.com.br
facebook.com/vreditorasbr

Dados Internacionais de Catalogação na Publicação (C

C33a

Casali, Kim
  Amar é... ...o primeiro beijo! / Kim Casali; [traduç
Camélia dos Anjos]. – São Paulo: Vergara & R
Editoras, 2014. – (Amar é...)

  Título original: Liefde is.... ...de eerste kus!
  ISBN 978-85-7683- 646-9

  1. Amor – Citações, máximas, etc. I. Série.

CDD 808.8

Catalogação elaborada por Antonia Pereira CRB-8/4